**Rezept :** ....

🕐 Arbeitszeit: 🍴 Portionen: 👨‍🍳 Rezepturautor:

Zutaten: Zubereitung:

....

....

....

....

....

....

....

....

....

Notizen:

....

....

....

....

🍽 Rezept: ....

⏱ Arbeitszeit: 🍴 Portionen: 👨‍🍳 Rezepturautor:

Zutaten: **Zubereitung:**

....

....

....

....

....

....

....

....

....

....

Notizen:

....

....

....

....

Rezept: ....

🕐 Arbeitszeit: 🍴 Portionen: 👨‍🍳 Rezepturautor:

Zutaten: Zubereitung:

....

....

....

....

....

....

....

....

....

....

Notizen:

....

....

....

....

 **Rezept :** ....

⏱ Arbeitszeit: 🍴 Portionen: 👨‍🍳 Rezepturautor:

Zutaten: Zubereitung:

....

....

....

....

....

....

....

....

....

....

Notizen:

....

....

....

....

 **Rezept:** ....

🕐 Arbeitszeit: 🍴 Portionen: 👨‍🍳 Rezepturautor:

Zutaten: Zubereitung:

Notizen:

Rezept: ....

⏱ Arbeitszeit: ✖ Portionen: 👨‍🍳 Rezepturautor:

Zutaten: Zubereitung:

Notizen:

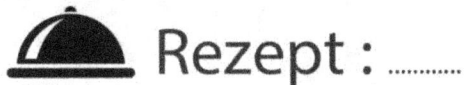 **Rezept :** ....

🕐 Arbeitszeit: 🍴 Portionen: 👨‍🍳 Rezepturautor:

Zutaten: Zubereitung:

....

Notizen:

 **Rezept :** ....

🕐 Arbeitszeit: 🍴 Portionen: 👨‍🍳 Rezepturautor:

Zutaten: **Zubereitung:**

....

Notizen:

....

 Rezept : ....

⏱ Arbeitszeit: 🍴 Portionen: 👨‍🍳 Rezepturautor:

Zutaten: Zubereitung:

Notizen:

🛎 Rezept: ....

⏱ Arbeitszeit: ✖ Portionen: 👨‍🍳 Rezepturautor:

Zutaten: **Zubereitung:**

....
....
....
....
....
....
....
....
....
....

Notizen:

....
....
....
....

Rezept: ....

Arbeitszeit:

Portionen:

Rezepturautor:

Zutaten:

Zubereitung:

....
....
....
....
....
....
....
....
....
....

Notizen:

....

 **Rezept :** ....

🕐 Arbeitszeit: ✕ Portionen: 👨‍🍳 Rezepturautor:

Zutaten: Zubereitung:

Notizen:

Rezept: ....

Arbeitszeit:

Portionen:

Rezepturautor:

Zutaten:

Zubereitung:

Notizen:

 Rezept: ....

⏱ Arbeitszeit: 　　　　🍴 Portionen: 　　　　👨‍🍳 Rezepturautor:

Zutaten:　　　　　　　　Zubereitung:

....　　..

....　　..

....　　..

....　　..

....　　..

....　　..

....　　..

....　　..

....　　..

....　　..

Notizen:

....

....

....

....

 Rezept : ....

⏱ Arbeitszeit: ✗ Portionen: 👨‍🍳 Rezepturautor:

Zutaten: Zubereitung:

....

....

....

....

....

....

....

....

....

....

Notizen:

....

....

....

....

 **Rezept:** ....

⏱ Arbeitszeit: 🍴 Portionen: 👨‍🍳 Rezepturautor:

Zutaten: **Zubereitung:**

....
....
....
....
....
....
....
....
....
....

Notizen:

....
....
....
....

 Rezept : ....

⏱ Arbeitszeit: 　　　✘ Portionen: 　　　👨‍🍳 Rezepturautor:

Zutaten:　　　　　　Zubereitung:

....
....
....
....
....
....
....
....
....
....

Notizen:

....
....
....
....

 **Rezept :** ....

Arbeitszeit: Portionen: Rezepturautor:

Zutaten: Zubereitung:

Notizen:

 Rezept: ....

Arbeitszeit: Portionen: Rezepturautor:

Zutaten: Zubereitung:

Notizen:

 **Rezept:** ....

⏱ Arbeitszeit: 🍴 Portionen: 👨‍🍳 Rezepturautor:

Zutaten: Zubereitung:

Notizen:

 **Rezept :** ....

⏱ Arbeitszeit: ✖ Portionen: 👨‍🍳 Rezepturautor:

Zutaten: Zubereitung:

....

....

....

....

....

....

....

....

....

....

Notizen:

....

....

....

....

 **Rezept:** ....

⏱ Arbeitszeit: .... 🍴 Portionen: .... 👨‍🍳 Rezepturautor: ....

Zutaten: Zubereitung:

....
....
....
....
....
....
....
....
....
....

Notizen:

....
....
....
....

 Rezept : ....

⏱ Arbeitszeit: ✕ Portionen: 👨‍🍳 Rezepturautor:

Zutaten: Zubereitung:

Notizen:

Rezept: ....

⏱ Arbeitszeit: 　　　🍴 Portionen: 　　　👨‍🍳 Rezepturautor:

Zutaten:　　　　　　　Zubereitung:

....　　..
....　　..
....　　..
....　　..
....　　..
....　　..
....　　..
....　　..
....　　..
....　　..

Notizen:

....
....
....
....

Rezept: ....

Arbeitszeit:

Portionen:

Rezepturautor:

Zutaten:

Zubereitung:

....

....

....

....

....

....

....

....

....

....

Notizen:

....

🍽 Rezept: ....

⏱ Arbeitszeit: 🍴 Portionen: 👨‍🍳 Rezepturautor:

Zutaten: **Zubereitung:**

....

Notizen:

....

 **Rezept :** ....

⏱ Arbeitszeit: 🍴 Portionen: 👨‍🍳 Rezepturautor:

Zutaten: Zubereitung:

Notizen:

Rezept: ....

Arbeitszeit:

Portionen:

Rezepturautor:

Zutaten:

Zubereitung:

....

....

....

....

....

....

....

....

....

....

....

....

....

....

....

....

....

....

Notizen:

....

....

....

....

🍽 Rezept: ....

⏱ Arbeitszeit: 　　　✕ Portionen: 　　　👨‍🍳 Rezepturautor:

Zutaten:　　　　　　　Zubereitung:

.... 　..

.... 　..

.... 　..

.... 　..

.... 　..

.... 　..

.... 　..

.... 　..

.... 　..

.... 　..

Notizen:

....

....

....

....

Rezept: ....

Arbeitszeit:

Portionen:

Rezepturautor:

Zutaten:

Zubereitung:

....

....

....

....

....

....

....

....

....

....

Notizen:

....

....

....

....

 **Rezept :** ....

🕐 Arbeitszeit: 🍴 Portionen: 👨‍🍳 Rezepturautor:

Zutaten: Zubereitung:

....

....

....

....

....

....

....

....

....

....

Notizen:

....

....

....

....

 **Rezept:** ....

⏱ Arbeitszeit: 🍴 Portionen: 👨‍🍳 Rezepturautor:

Zutaten: **Zubereitung:**

Notizen:

Rezept: ....

Arbeitszeit: .... **Portionen:** .... **Rezepturautor:** ....

Zutaten: **Zubereitung:**

....

....

....

....

....

....

....

....

....

....

Notizen:

....

....

....

....

Rezept: ....

Arbeitszeit: .... **Portionen:** .... **Rezepturautor:** ....

Zutaten: **Zubereitung:**

....

....

....

....

....

....

....

....

....

....

Notizen:

....

....

....

....

 Rezept : ....

🕐 Arbeitszeit: 🍴 Portionen: 👨‍🍳 Rezepturautor:

Zutaten: Zubereitung:

....

Notizen:

Rezept: ....

Arbeitszeit:

Portionen:

Rezepturautor:

Zutaten:

Zubereitung:

....

....

....

....

....

....

....

....

....

....

Notizen:

....

....

....

....

 Rezept : ....

⏱ Arbeitszeit: ✕ Portionen: 👨‍🍳 Rezepturautor:

Zutaten: Zubereitung:

....
....
....
....
....
....
....
....
....
....

Notizen:

....
....
....
....

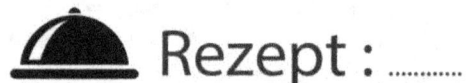 **Rezept :** ....

⏱ Arbeitszeit: 🍴 Portionen: 👨‍🍳 Rezepturautor:

Zutaten: **Zubereitung:**

....

....

....

....

....

....

....

....

....

....

Notizen:

....

....

....

....

Rezept : ....

Arbeitszeit:

Portionen:

Rezepturautor:

Zutaten:

Zubereitung:

Notizen:

🍽 Rezept: ....

⏱ Arbeitszeit: 🍴 Portionen: 👨‍🍳 Rezepturautor:

Zutaten: Zubereitung:

Notizen:

Rezept: ....

🕐 Arbeitszeit: ✕ Portionen: 👨‍🍳 Rezepturautor:

Zutaten: **Zubereitung:**

Notizen:

 **Rezept:** ....

Arbeitszeit:

Portionen:

Rezepturautor:

Zutaten:

Zubereitung:

....

....

....

....

....

....

....

....

....

....

Notizen:

....

....

....

....

 Rezept : ....

🕐 Arbeitszeit: 🍴 Portionen: 👨‍🍳 Rezepturautor:

Zutaten: Zubereitung:

....

Notizen:

....

Rezept: ....

Arbeitszeit:
....

Portionen:
....

Rezepturautor:
....

Zutaten:

....

....

....

....

....

....

....

....

....

....

Zubereitung:

....

....

....

....

....

....

....

....

....

....

Notizen:

....

....

....

....

Rezept: ....

🕐 Arbeitszeit: 🍴 Portionen: 👨‍🍳 Rezepturautor:

Zutaten: Zubereitung:

Notizen:

🍽 Rezept: ....

⏱ Arbeitszeit: 🍴 Portionen: 👨‍🍳 Rezepturautor:

Zutaten: **Zubereitung:**

....

Notizen:

....

Rezept: ....

⏱ Arbeitszeit:　　　✖ Portionen:　　　👨‍🍳 Rezepturautor:

Zutaten:　　　Zubereitung:

....

....

....

....

....

....

....

....

....

....

Notizen:

....

....

....

....

 Rezept: ....

⏱ Arbeitszeit: 🍴 Portionen: 👨‍🍳 Rezepturautor:

Zutaten: Zubereitung:

Notizen:

Rezept: ....

Arbeitszeit:

Portionen:

Rezepturautor:

Zutaten:

Zubereitung:

....

....

....

....

....

....

....

....

....

....

....

Notizen:

....

 Rezept : ....

⏱ Arbeitszeit: 🍴 Portionen: 👨‍🍳 Rezepturautor:

Zutaten: Zubereitung:

Notizen:

Rezept: ....

___

⏱ Arbeitszeit: 🍴 Portionen: 👨‍🍳 Rezepturautor:

Zutaten: **Zubereitung:**

....

Notizen:

....

Rezept: ....

Arbeitszeit:

Portionen:

Rezepturautor:

Zutaten:

Zubereitung:

....

....

....

....

....

....

....

....

....

....

Notizen:

....

....

....

....

 Rezept : ....

⏱ Arbeitszeit: 🍴 Portionen: 👨‍🍳 Rezepturautor:

Zutaten: Zubereitung:

....

....

....

....

....

....

....

....

....

....

Notizen:

....

....

....

....

🍽 Rezept: ....

⏱ Arbeitszeit: 🍴 Portionen: 👨‍🍳 Rezepturautor:

Zutaten: **Zubereitung:**

....

....

....

....

....

....

....

....

....

....

Notizen:

....

....

....

....

 **Rezept :** ....

🕐 Arbeitszeit: 🍴 Portionen: 👨‍🍳 Rezepturautor:

Zutaten: Zubereitung:

....

....

....

....

....

....

....

....

....

....

Notizen:

....

....

....

....

 **Rezept:** ....

🕐 Arbeitszeit: 🍴 Portionen: 👨‍🍳 Rezepturautor:

Zutaten: Zubereitung:

....

....

....

....

....

....

....

....

....

....

Notizen:

....

....

....

....

 Rezept : ....

Arbeitszeit:

Portionen:

Rezepturautor:

Zutaten:

Zubereitung:

Notizen:

 Rezept: ....

Arbeitszeit:

Portionen:

Rezepturautor:

Zutaten:

Zubereitung:

Notizen:

 Rezept : ....

🕐 Arbeitszeit: 🍴 Portionen: 👨‍🍳 Rezepturautor:

Zutaten: **Zubereitung:**

....
....
....
....
....
....
....
....
....
....

Notizen:

....
....
....
....

Rezept: ....

Arbeitszeit:

Portionen:

Rezepturautor:

Zutaten:

Zubereitung:

....

....

....

....

....

....

....

....

....

....

Notizen:

....

....

....

....

Rezept: ....

Arbeitszeit:

Portionen:

Rezepturautor:

Zutaten:

Zubereitung:

....

....

....

....

....

....

....

....

....

....

Notizen:

....

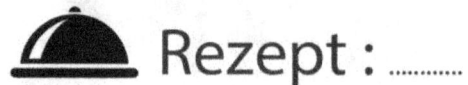 **Rezept:** ....

🕐 Arbeitszeit: 🍴 Portionen: 👨‍🍳 Rezepturautor:

Zutaten: Zubereitung:

....

Notizen:

....

Rezept: ....

Arbeitszeit:

Portionen:

Rezepturautor:

Zutaten:

Zubereitung:

Notizen:

Rezept : ....

Arbeitszeit: .... **Portionen:** .... **Rezepturautor:** ....

Zutaten: **Zubereitung:**

....

....

....

....

....

....

....

....

....

....

Notizen:

....

....

....

....

Rezept: ....

⏱ Arbeitszeit: ✖ Portionen: 👨‍🍳 Rezepturautor:

Zutaten: Zubereitung:

....

....

....

....

....

....

....

....

....

....

Notizen:

....

....

....

....

Rezept: ....

Arbeitszeit:

Portionen:

Rezepturautor:

Zutaten:

Zubereitung:

Notizen:

 Rezept: ....

🕐 Arbeitszeit: ✖ Portionen: 👨‍🍳 Rezepturautor:

Zutaten: Zubereitung:

Notizen:

 **Rezept :** ....

⏱ Arbeitszeit: 🍴 Portionen: 👨‍🍳 Rezepturautor:

Zutaten: Zubereitung:

Notizen:

 **Rezept :** ....

🕐 Arbeitszeit: 🍴 Portionen: 👨‍🍳 Rezepturautor:

Zutaten: Zubereitung:

Notizen:

 **Rezept :** ....

Arbeitszeit:

Portionen:

Rezepturautor:

Zutaten:

Zubereitung:

....

....

....

....

....

....

....

....

....

....

....

....

....

....

....

....

....

....

....

....

Notizen:

....

....

....

....

🛎 Rezept: ....

⏱ Arbeitszeit: 　　　🍴 Portionen: 　　　👨‍🍳 Rezepturautor:

Zutaten: 　　　**Zubereitung:**

.... 　..

.... 　..

.... 　..

.... 　..

.... 　..

.... 　..

.... 　..

.... 　..

.... 　..

.... 　..

Notizen:

....

....

....

....

 **Rezept:** ....

🕐 Arbeitszeit: 🍴 Portionen: 👨‍🍳 Rezepturautor:

Zutaten: **Zubereitung:**

....

Notizen:

....

 Rezept : ....

🕐 Arbeitszeit:　　　🍴 Portionen:　　　👨‍🍳 Rezepturautor:

Zutaten:　　　　　　　Zubereitung:

....　..

....　..

....　..

....　..

....　..

....　..

....　..

....　..

....　..

....　..

Notizen:

....

....

....

....

Rezept: ....

⏱ Arbeitszeit: ✘ Portionen: 👨‍🍳 Rezepturautor:

Zutaten: **Zubereitung:**

....

Notizen:

....

🍽 Rezept: ....

⏱ Arbeitszeit: .... ✖ Portionen: .... 👨‍🍳 Rezepturautor: ....

Zutaten: **Zubereitung:**

....

....

....

....

....

....

....

....

....

....

Notizen:

....

....

....

....

 Rezept: ....

⏱ Arbeitszeit: ✗ Portionen: 👨‍🍳 Rezepturautor:

Zutaten: Zubereitung:

Notizen:

 **Rezept :** ....

🕐 Arbeitszeit: 🍴 Portionen: 👨‍🍳 Rezepturautor:

Zutaten: Zubereitung:

Notizen:

 **Rezept:** ....

🕐 Arbeitszeit: 🍴 Portionen: 👨‍🍳 Rezepturautor:

Zutaten: **Zubereitung:**

....

Notizen:

....

Rezept: ....

Arbeitszeit:

Portionen:

Rezepturautor:

Zutaten:

Zubereitung:

....

Notizen:

 Rezept : ....

🕐 Arbeitszeit: 🍴 Portionen: 👨‍🍳 Rezepturautor:

Zutaten: **Zubereitung:**

....

Notizen:

....

 **Rezept :** ....

⏱ Arbeitszeit: 🍴 Portionen: 👨‍🍳 Rezepturautor:

Zutaten: Zubereitung:

....

Notizen:

....

 **Rezept:** ....

Arbeitszeit:

Portionen:

Rezepturautor:

Zutaten:

Zubereitung:

Notizen:

 **Rezept :** ....

🕐 Arbeitszeit: 🍴 Portionen: 👨‍🍳 Rezepturautor:

Zutaten: Zubereitung:

....

Notizen:

....

 **Rezept :** ....

⏱ Arbeitszeit: 🍴 Portionen: 👨‍🍳 Rezepturautor:

Zutaten: Zubereitung:

....
....
....
....
....
....
....
....
....
....

Notizen:

....
....
....
....

 **Rezept :** ....

⏱ Arbeitszeit: 🍴 Portionen: 👨‍🍳 Rezepturautor:

Zutaten: Zubereitung:

....
....
....
....
....
....
....
....
....
....

Notizen:

....
....
....
....

Rezept: ....

Arbeitszeit: .... **Portionen:** .... **Rezepturautor:** ....

Zutaten: **Zubereitung:**

....

Notizen:

....

 Rezept : ....

⏱ Arbeitszeit: 🍴 Portionen: 👨‍🍳 Rezepturautor:

Zutaten: Zubereitung:

Notizen:

Rezept: ....

Arbeitszeit: | Portionen: | Rezepturautor:

Zutaten: Zubereitung:

Notizen:

Rezept: ....

🕐 Arbeitszeit: 🍴 Portionen: 👨‍🍳 Rezepturautor:

Zutaten: **Zubereitung:**

....

Notizen:

....

Rezept: ....

⏱ Arbeitszeit: 🍴 Portionen: 👨‍🍳 Rezepturautor:

Zutaten: Zubereitung:

....

....

....

....

....

....

....

....

....

....

Notizen:

....

....

....

....

 **Rezept :** ....

🕐 Arbeitszeit: 🍴 Portionen: 👨‍🍳 Rezepturautor:

Zutaten: Zubereitung:

....

Notizen:

🍽 Rezept: ....

⏱ Arbeitszeit: | 🍴 Portionen: | 👨‍🍳 Rezepturautor:

Zutaten: | **Zubereitung:**

.... | ....
.... | ....
.... | ....
.... | ....
.... | ....
.... | ....
.... | ....
.... | ....
.... | ....
.... | ....

Notizen:

....
....
....
....

 **Rezept:** ....

🕐 Arbeitszeit: ✕ Portionen: 👨‍🍳 Rezepturautor:

Zutaten: Zubereitung:

Notizen:

 **Rezept :** ....

⏱ Arbeitszeit: 🍴 Portionen: 👨‍🍳 Rezepturautor:

Zutaten: Zubereitung:

Notizen:

🛎 Rezept: ....

⏱ Arbeitszeit: 🍴 Portionen: 👨‍🍳 Rezepturautor:

Zutaten: Zubereitung:

....

....

....

....

....

....

....

....

....

....

Notizen:

....

....

....

....

REZEPT N°	INHALTSVERZEICHNIS
....	....
....	....
....	....
....	....
....	....
....	....
....	....
....	....
....	....
....	....
....	....
....	....
....	....
....	....
....	....
....	....
....	....
....	....
....	....

REZEPT N°   INHALTSVERZEICHNIS

REZEPT N°	INHALTSVERZEICHNIS
....	....
....	....
....	....
....	....
....	....
....	....
....	....
....	....
....	....
....	....
....	....
....	....
....	....
....	....
....	....
....	....
....	....
....	....

REZEPT N°	INHALTSVERZEICHNIS
....	....
....	....
....	....
....	....
....	....
....	....
....	....
....	....
....	....
....	....
....	....
....	....
....	....
....	....
....	....
....	....
....	....
....	....

REZEPT N°	INHALTSVERZEICHNIS
....	....
....	....
....	....
....	....
....	....
....	....
....	....
....	....
....	....
....	....
....	....
....	....
....	....
....	....
....	....
....	....
....	....
....	....
....	....

www.ingramcontent.com/pod-product-compliance
Lightning Source LLC
Chambersburg PA
CBHW080605220526
45466CB00010B/3254